Serial Publication — WINGS

STORY BY
大川七瀬
NANASE OHKAWA

第2巻

RG VEDA

聖伝

六星群嵐篇I

新書館

COMIC BY
もこなあぱぱ
MOKONA APAPA

PLANNING
CLAMP

Publication — WINGS COMICS

六星《ろくせい》流れ落つる　そは天に背く闇星《やみぼし》なり
紡《つむ》がれし運命《さだめ》のさきがけに　汝《なじ》　みずから育《はぐく》むべし
絶えたる血族《けつぞく》の指し示すままに
汝　赤児とともに　発ち行かん
善悪定まらずともその赤児　天界の運命の輪を回す
六星集うは天の取極《しゅきょく》なり
されど闇の御許《みもと》　舞い降りたる者あり
掌中《しょうちゅう》に星の軌道を定め　闇星《あんせい》　天星《てんせい》ともに操《あやつ》る
その者　我が『星宿』にも　見定めるはかなわず
汝の育みし紅蓮の焔
すべての邪悪を焼きつくし
総じて六星あらゆる他を圧し和するはあたわず
そして
汝ら　天を滅ぼす『修羅』と成らん
PLANNING CLAMP

RG VEDA
聖伝
第二巻
六星群嵐篇I———5

H O S H I G A N A G A R E R U

汝ら、天を滅ぼす『破』と成らん。

Main

CLAMP MEMBERS

STORY 大川七瀬 NANASE OHKAWA

COMIC もこなあぱぱ MOKONA APAPA

Book Designer

大川七瀬

Director

もこなあぱぱ

Short Comic

猫井みっく

Art Assistants

猫井みっく MICK NEKOI

五十嵐さつき SATSUKI IGARASHI

CLAMP MEMBERS

PLANNING & PRESENTED by

CLAMP

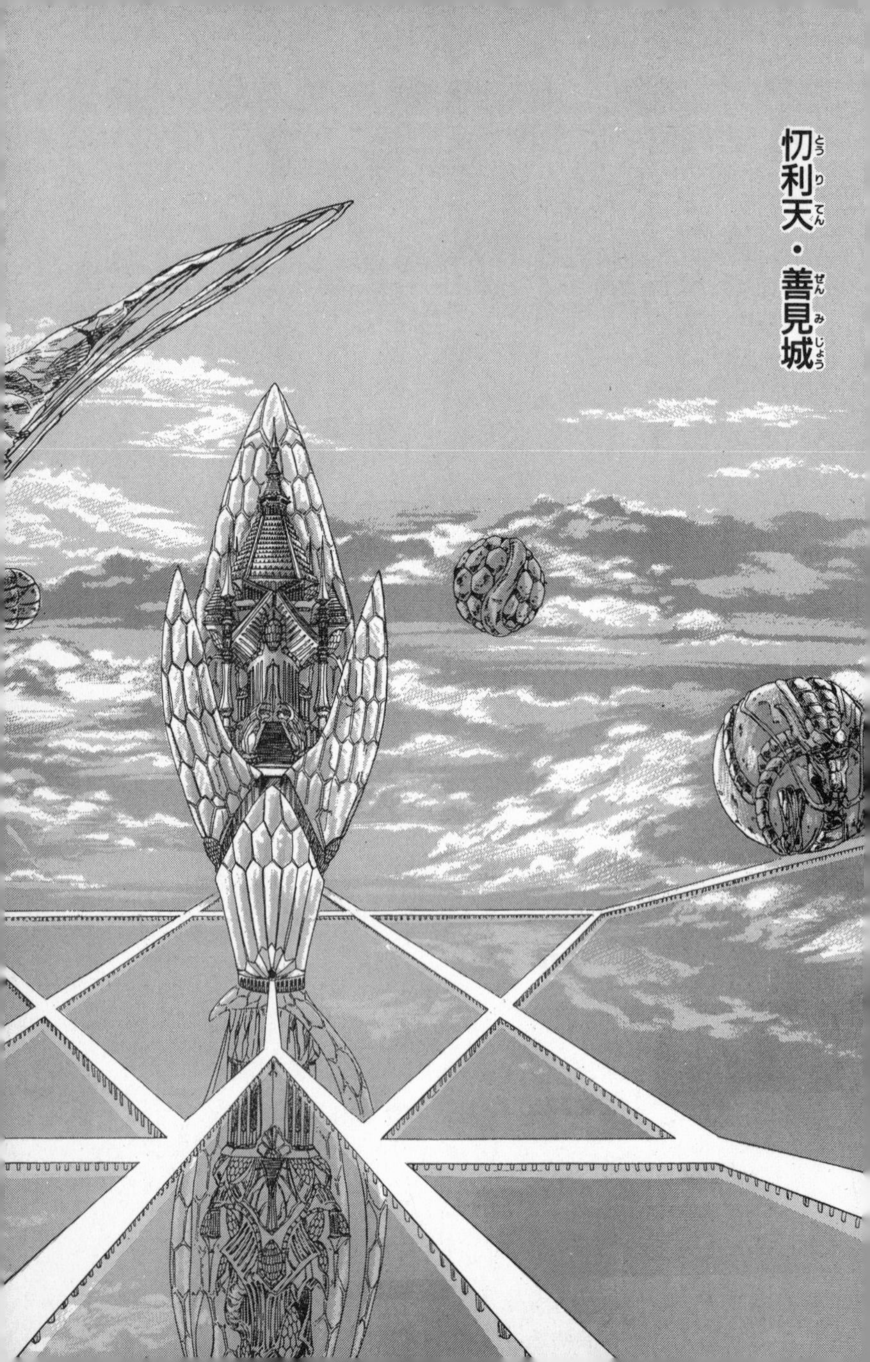
忉《とう》利《り》天《てん》・善《ぜん》見《み》城《じょう》

六星集《つど》うは天の定《さだ》め 流れ落ちたる闇星は 阿修羅王《あしゅらおう》の遺児と逆賊《ぎゃくぞく》・夜叉王《やしゃおう》の もとに集結いたしましょう
そうなれば予言のとおり 帝釈天《たいしゃくてん》様の治《おさ》める この天は滅びます
聖伝
六星群嵐篇 I

六星だか
なんだか
知らねえが
夜叉王《やしゃおう》は毘沙門天《びしゃもんてん》配下
俺たちがでしゃばるのは
スジ違いってもんじゃねえのか
全滅したはずの
阿修羅《あしゅら》一族《いちぞく》の赤子《あかご》と
裏切り者の夜叉王《やしゃおう》一人
未《いま》だもって始末できんとは
ちとふがいないの
毘沙門天《びしゃもんてん》殿
ひかえよ
増長天《ぞうちょうてん》　広目天《こうもくてん》
御前《ごぜん》であるぞ
よい　毘沙門天《びしゃもんてん》

甘くみるな現に奴らは今も生きている
そして奴らが生きのびるたび余の顔に泥がぬられてゆくのだ
南方将軍《なんぽうしょうぐん》増長天《ぞうちょうてん》
西方将軍《せいほうしょうぐん》広目天《こうもくてん》
そして北方将軍《ほっぽうしょうぐん》毘沙門天《びしゃもんてん》
余のために阿修羅《あしゅら》と夜叉王《やしゃおう》の首ここへ持ってまいれ

皆様おそろいで
ずいぶん物々しいですわね
後宮《こうきゅう》より
出てくるとは
めずらしいな舎脂《しゃし》
ご機嫌うかがいに
参りましたのよ
天帝《あなた》
お久しゅう
ございます
父上
これはこれは
お妃様には
ご機嫌
うるわしゅう
うるわしいはず
ないでしょう

『阿修羅《あしゅら》』ですって!? あの子がまだ生きていたなんて めざわりですわ
あんな忌《い》まわしい子! 胸が悪くなる
ご自分の産まれた 双児の片割れ それほど嫌悪なさる とは……
まあ ご安心めされよ 我ら四天王の力を もってすれば 阿修羅《あしゅら》の生き残りと 裏切り者一人
どこにも 落ちのびることは かないますまい
天帝《てんてい》に 背《そむ》く者には 死を
そなたらの忠誠心 大儀《たいぎ》に思うぞ

カッカッ
なんだ あの女は!!
皇妃《こうひ》だなどと 大きなつら しやがって
元はといえば 阿修羅王《あしゅらおう》の妃でただの 『人間』じゃねえか
神格を与えてくれた一族を 裏切ったような女だ 今度はいつ我々を裏切るやも 知れんぞ!
てめえの腹ん中に 阿修羅王《あしゅらおう》の子がいるってえ時に 敵方の大将だった帝釈《てんてい》様と 通じるような女だぞ
まったくだ 天王も本当に 帝釈《てんてい》様の御児《みこ》か あやしいものよ!
では私たちはこれで 阿修羅《あしゅら》が死んだという 吉報をお待ちして おりますわ
行きますよ 天王《てんおう》
父上!

乾闥婆王《けんだつばおう》は……『楽師《がくし》の君《きみ》』は次はいつ善見城《ぜんみじょう》に来られますか？
次の満月には来ますよ天王《てんおう》
ありがとう毘沙門天《びしゃもんてん》
のう毘沙門天《びしゃもんてん》おまえのことだ同じ四天王《してんのう》の者にも
間者《かんじゃ》をはなっておるのだろう

もちろんでございます
私は四天王の長《おさ》
私の務《つと》めは
天帝《あなた》が治める
この世の平定の守護
周到《しゅうとう》なことだ
走れ!!
阿修羅《あしゅら》

帝釈《たいしゃく》の手の者か!? ならば切って捨てる!!
剣から螢火《ほたるび》がっ!? あれが…魔剣〝夜摩刀《やまとう》〟か!?
夜叉王《やしゃおう》だ まちがいない!!

お待ちくださいい！
そのような雑魚《ざこ》相手に
夜摩刀《やまとう》は不用！
？
双月葉《そうげっぱ》!!

おむかえに
あがりました
夜叉王《やしゃおう》
誰だ?
……これは……っ!!

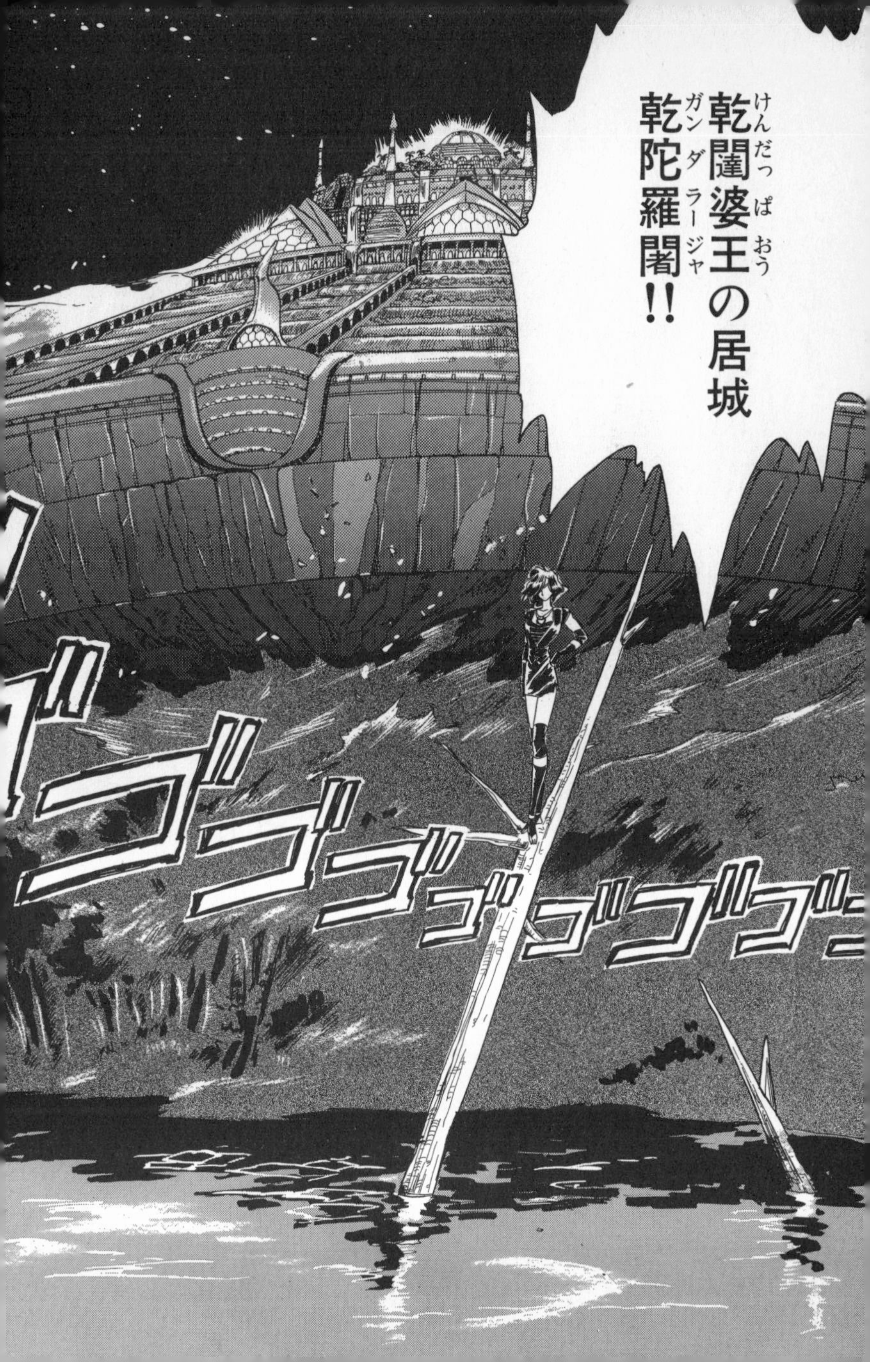
乾闥婆《けんだっぱ》王《おう》の居城
乾陀羅闍《ガンダラージャ》!!
ゴゴゴゴゴゴゴゴ

お——っほほほほ
ほほほほほほほ
夜叉王《やしゃおう》ったら
本当におまぬけさん
ですわねぇ
げんなり…
？
天帝に逆らって
おたずねものだなんて
困ったちゃんな方っ！

乾闥婆王《けんだつばおう》
なぜ追われるこの身を
城内にまねき入れたのだ
ヨロッ
まっ……
なぜですって？
ひどいわっお兄様
たった二人っきりの
兄妹ですのにっ
ぶらーん
私は
妹を持ったおぼえは
ないぞ
弟ならいるが……
こんなに
すさんで
しまって！
うるうる
やしゃあ
めかけの子って
なあにー？
この子
誰っ？
またよその女に
産ませた子
なんですの!?
どげしッ！
夜叉王《やしゃおう》ったら
ふけつ
よーーっ！
やっぱりお妾《めかけ》さんの子供
だったのがいけなかったのかしら
こーーんなにグレて
しまわれてっ

いくらなんでもあのような態度は失礼ですよ
だって私一緒に遊びたくておまねきしたわけじゃないんですもの
乾闥婆《けんだつば》様
お母様のことを……まだ
昔　お母様が夫のある身で
一目見て夜叉王《やしゃおう》に心奪《こころうば》われて
毎日毎日ただ泣いて泣きつかれて亡くなった時はおうらみもしましたけれど
夜叉王《やしゃおう》は何も悪くない　わかってますわ　わかっているけれど　でも……

どうしても右手がわきわきするのっ
でも
蘇摩《そうま》が言うならなおしますわ
はい
乾闥婆王《わがきみ》

屋根のある所で寝れるなんて
久しぶりだね 夜叉《やしゃ》
あたま大丈夫? でもすごいね けんだっぱ王って 強いんだっ
夜叉《やしゃ》があんなに困ってるとこ見たのはじめてっ!
そおいえば技藝《ぎげい》も強かったよね
技藝《ぎげい》は心が強かったから
技藝《ぎげい》……え
うとうと…
うにゃ
ちゃんと追っかけて来てるかな…… 早くおいつくといいのに……
コトッ
今度会ったら技藝《ぎげい》に礼を言わねばならんな
そうだな
夜叉《やしゃ》村を出てから久しぶりだ 阿修羅《あしゅら》がこんな顔で眠るのは

じーーーーい
……何をしている……
ころん
ぽてっ
起こしに来ましたの
ぱんぱん
私が貴方《あなた》で遊ぶためだけにおまねきしたと思ってらっしゃるんですの？
……………いや

こちらへ夜叉王《やしゃおう》
吉祥天《きっしょうてん》！
これは……
どうしてもあなたに会いたいとおっしゃるから星鏡の心話ならと
ひさしいの夜叉王《やしゃおう》
少しやせたのではないか？
逃亡生活はつらかろう阿修羅王《あしゅらおう》の御子《みこ》も苦しい想いをしているのであろうふびんでならぬ

やしゃあ……
どこぉ……
ズルズル
髪の毛
むすんでぇ
ゴゴゴ
このお城
動くの早い……
技藝《ぎげい》
おいつけるかなあ
大丈夫かなあ
わらわは北方将軍
毘沙門天《びしゃもんてん》の妻とはいえ
いやだからこそ
帝釈天《たいしゃくてん》の非道に
何もできぬこの身が
くちおしい
先日歌踊団《かようだん》の娘
技藝《ぎげい》が
目の前で殺された時も
なすすべもなく
むくろさえ拾って
やれなんだ
わらわは…もう……
あのようなむごいさまは
みとうない……
技藝《ぎげい》が
死んだ?

この吉祥天《きっしょうてん》にもどうか力にならせておくれ
吉祥天《きっしょうてん》!! そのような危険な……
……
この蘇摩《そうま》を同行させてほしい
腕は見てのとおりじゃ
先帝《父君》の薬師《やくし》であった蘇摩《そうま》一族の唯一人の生き残りそなたと同じ身の上己《おの》れの一族の無念をはらすためにもと本人が望んでな

お願い致します 夜叉王《やしゃおう》
……死ぬかもしれんぞ
もとより 承知
蘇摩《そうま》のばかっ! おたんこなすっ うすらとんかちっ
『蘇摩伝《そうまでん》』を ご存知ですか?

蘇摩《そうま》一族は一生に一度
一人だけ己れの生き血を
飲ませるとその者に不死を
与えられると言う
はい
帝釈天は蘇摩《そうま》の血で
不死を得る者が現れるのを
恐れ我ら一族を惨殺しました
私は一人落ちのびて
乾闥婆王《けんだっぱおう》に助けられ
帝釈天《たいしゃくてん》の楽師である
乾闥婆王《けんだっぱおう》のおそばは
危険であろうと吉祥《きっしょう》様に
あずけられたのです
あ
けんだっぱ王
ずか
ずか
わしゃ
あたま
むすんでっ
ムカ
はい
わお
ムカ

ね どうして
さっき怒ってたの?
大好きな人がね 旅に出ちゃいますの
おそらくもう帰って来ない旅にね
本当っにばかな人だと思うけど
それでもやっぱり好きで
そんなばかな人でも
やっぱり大好きな
自分のばかさ加減に
怒ってましたのよ
ふうん……
良くわかんない
でも
けんだっぱ王は
強いんだね
だって泣いて
ないもの
大好きな人と
もう会えない
なんて
阿修羅《あしゅら》だったら
絶対泣く

蘇摩《そうま》も強いよね
忍葉っ
しゅぽっ☆……てね
夜叉《やしゃ》も強いんだよね
いい、強い人なら大丈夫
阿修羅《あしゅら》と一緒でも死んじゃったりしないよねっ
サァァァァ――ッ
そうだっ
このお城 もう少しゆっくり飛べる？
技藝《ぎげい》が追いつけなくなっちゃうから
え……
技藝《ぎげい》……ってあの吉祥天様《きっしょうてん》の所で天帝軍《てんていぐん》に殺された
踊り手の？
なに……

阿修羅《あしゅら》といると不幸になるってみんな死ぬって！
技藝《ぎげい》！
それは嘘ね
阿修羅《あしゅら》といると楽しいわ
阿修羅《あしゅら》といると嬉しいわ
大好きよ　阿修羅《あしゅら》
大好きよ
うそ……
だって技藝《ぎげい》……追いかけて来るって言ったもの……

阿修羅《あしゅら》？
阿修羅《あしゅら》!?
ヒック
ヒック
技《ぎ》藝《げえ》え……っ

技藝《ぎげい》……
阿修羅《あしゅら》も技藝《ぎげい》が大好きだってまだ言ってない
言ってないよお
技藝《ぎげい》………

あらあら泣いちゃいましたわ
蘇摩《そうま》に見つかったらまたしかられちゃいますわね
……
誰っ!?
立ち聞きなんてはしたないですわよ

どこの間者《かんじゃ》です!?
あ そんなこと あっさり言うわけ ないですわよね
私としたことが おまぬけなこと聞いてしまいましたわ
あっ あっ
どこのどなたか 存じませんが
おうおう しぬしぬ しぬ―!
今 私 機嫌が悪いん ですの
少し遊んでやって くださいませね

阿修羅《あしゅら》
どこに行っていた？
あれほど一人で行動するなと言っておいただろう
城内といえどどこに天帝軍《てんていぐん》の目があるか知れないんだぞ!!
聞いているのか!? 阿修羅《あしゅら》!!
ぐすぐす
何があった？

技藝《ぎげい》が
死んだ……って
夜叉《やしゃ》は知ってた?

知ってたのぉっ!?

お名前はなんておっしゃるの？
他人の居城《きょじょう》へ無断で入りこむなんて躾《しつけ》がなってませんわね
上官の顔が見てみたいものですわ
うぐ……っ
ぐうう……っ
そのお年齢《とし》ならお子様も奥様もいらっしゃいますわよねえ
ねえ何を探ってらしたの？
ほらほら早く言わないと
死んでしまいますわよ

ぐおおおお……
あら
あまりもちませんでしたわね
見かけのわりにかよわいお方……
この紋《もん》は……
毘沙門軍《びしゃもんぐん》のもの
そのように首を締めては
言いたくても
言えませんよ
乾闥婆《けんだっぱ》様《さま》

蘇摩《そうま》！
乾闥婆《けんだっぱ》様……そのようなこと…私におまかせくだされば
楽師《がくし》の君《きみ》ともあろうお方が
このような血なまぐさいことを……
夜叉王《やしゃおう》と行けば明日はあなたがこの男のようになるかもしれないのよ　蘇摩《そうま》

蘇摩《そうま》の技量《ぎりょう》を
うたがわれるんですか？
そんなことは
ないけれど……
天帝軍《てんていぐん》は
こんな所にまで追手を
かけて来ているのに
それでも行くんですの？
行くな…とは
言えませんわ
……
言う権利も
ありません
もの
でも約束を
ちょうだい
私の知らぬ所で
死なないと……
ならば……
これを
蘇摩《そうま》が帰るまで
おあずかりください
蘇摩《そうま》は必ずお役目を果たし
乾闥婆《けんだっぱ》様のもとに
帰って来ますから……

……
見送りは……
しませんわよ
大笑いして しまいそうですから
必ず帰って 来なさい
それまで これは返してあげません
乾《けん》闥《だつ》婆《ば》様
必ず……

技藝《ぎげい》は阿修羅《あしゅら》といっしょにいたから……
だから
殺されちゃったんだ
阿修羅《あしゅら》といるとみんな死んじゃうんだ
夜叉《やしゃ》だって阿修羅《あしゅら》といたらいつか死んじゃうんだ
阿修羅《あしゅら》といるせいで
夜叉《やしゃ》も…死んじゃうんだぁきっと……

そんなに私は弱そうに見えるか？ これでも天界最強の武神将と呼ばれていたのだがな
阿修羅《あしゅら》は私を弱いと思うか？
ぶん
ぶん
ならばともに行こう 帝釈天《たいしゃくてん》を倒せば天界もかわる
おまえもおまえにかかわる者も命をねらわれずにすむようになる
それまでは私とともに行こう
私がずっとそばにいておまえを守る…… 阿修羅《あしゅら》
ぜったいだねっ ぜったい約束だよっ!!!
うそついたら針千本だからね。

すっかり〝親子〟だな 夜叉王《やしゃおう》
おまえは 孔雀《くじゃく》……
その節はどうも ごちそーさまでした
なぜ このような場所にいる
この城には結界《けっかい》が 張ってあるのに……
どんな結界も通用 しない特異体質な もんでね フリーパスなんだ
なんだ―― 阿修羅《あしゅら》は眠っちゃった のか――

つまらないな――
せっかく
遊ぼうと思ってたのに―
これじゃ
つねっても起きないな
それにかまうな
あっお父さん
おこってる――
何をしに来た
なぜつきまとう
阿修羅《あしゅら》を
気に入ってるんでね
かわいい阿修羅《あしゅら》ちゃんの
ためにご忠告に
参上したのさ
この城内
他にも侵入者がいるよ
天帝《てんてい》の腰ぎんちゃくの
ねずみが一匹
天帝軍四天王《てんていぐんしてんのう》
毘沙門天《びしゃもんてん》の間者《かんじゃ》か？
大あたり――っ
ぷぷぷぷ ぱぷー♪
どんどん

それから もう一つ
忠告ついでに 教えたげよう
六星を探すなら まず修羅刀《しゅらとう》を探せ
修羅刀《しゅらとう》!?

創世《そうせい》の頃より天界の守護《しゅご》闘神《とうしん》阿修羅《あしゅら》族《ぞく》の代々の王にのみ受け継がれるという伝説の剣
振れば炎を生みあらゆる魔を焼きつくす
修羅刀《しゅらとう》がある限り天界の平和は約束される

阿修羅《あしゅら》が修羅刀《しゅらとう》を手に入れれば
修羅刀《しゅらとう》の共鳴をたよりに
六星も探し出せるはずだ
なぜそのようなことを知っている？
何が目的なのだ？
おまえは何者だ 六星の一人か？
孔雀《くじゃく》
チャッ
忠告は感謝するが……
敵ではない…… かと言って六星《なかま》でもない 何者か知れない者にうろつかれるのは好かん
大ハズレ——っ
ぱぷぱぷ♪ どんどん
そう怖い顔しなさんな 天帝軍《てんていぐん》の者でないことはたしかだよ

修羅刀《しゅらとう》は西の辺境の果て
地界の主倶摩羅天《くまらてん》の住む
地底城〝倶修摩部羅《クスマフラ》〟の
奥深くに封印されて
いると聞く
我々が修羅刀《しゅらとう》を手に入れて
六星を集めたとして
おまえになんの利益が
あるのだ
おまえにははかりが
できた
乾闥婆王《けんだつばおう》には
黙っていてやろう
ばいばい
早々に立ち去れ
楽しんでいるだけだ
気にするな
武運を祈ってるよ
夜叉王《やしゃおう》
義理がたいことで

乾闥婆《けんだつば》王には黙って来てしまったが蘇摩《そうま》本当にいいのか
はいお気づかいくださいますな
陰よりお助けする役をおおせつかっております
近くの天帝軍《てんていぐん》の動き探ってまいります
御免

これは……この琴の音は

乾《けん》闥《だっ》婆《ば》王《おう》
やしゃあ……

目が覚めたのか？
阿修羅《あしゅら》
やしゃあ……
音楽が聞こえる
すごく悲しいの
旅に出ちゃった乾闥婆王《けんだつばおう》の
大切な人も……みんな
死んじゃったりしないと
いいいね

大好きな技藝《ぎげい》
夜叉族《やしゃぞく》の人たち
阿修羅《あしゅら》のそばにいる人が
傷ついたり死んじゃったりするのは
もういやだ
阿修羅《あしゅら》が強ければ……
帝釈天《たいしゃくてん》をやっつけられる
くらい強ければ
技藝《ぎげい》は死なずに
すんだのかもしれない
強くなりたいよ
大好きな人を
死なせずにすむように

技藝《ぎげい》のような人を もう二度と
もう二度と 失わないように……
強くなりたい
大切な人を 守れるほど強く

阿修羅《あしゅら》は強くなる
ぜったいに強くなるよ

龍宮

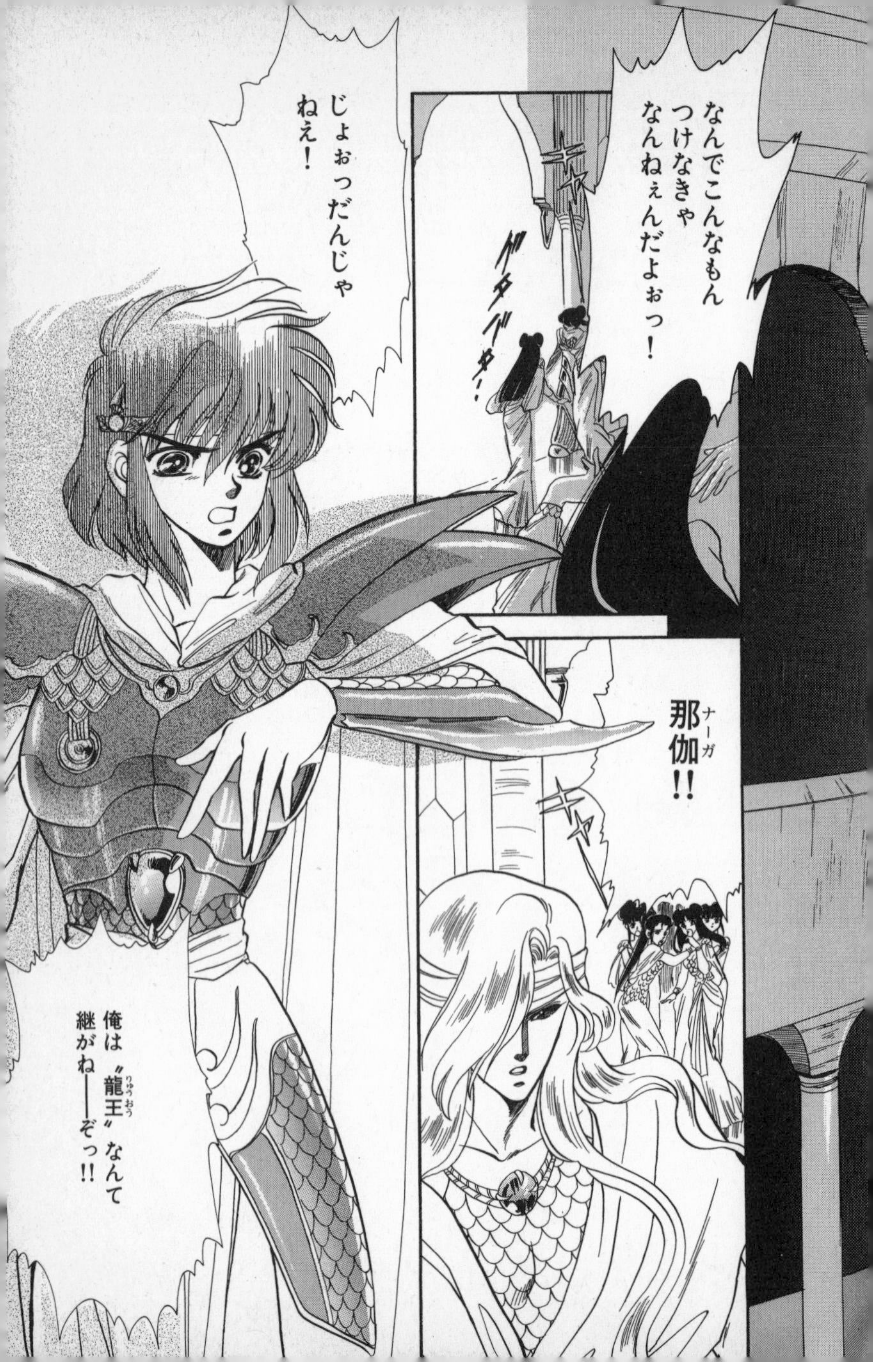
なんでこんなもん
つけなきゃ
なんねぇんだよぉっ!
ガタガタッ!
キャ
じょぉっだんじゃ
ねえ!
那伽《ナーガ》!!
キャー
俺は〝龍王《りゅうおう》〟なんて
継がねーーぞっ!!

わがままは許されませんよ 那伽《ナーガ》
白龍《はくりゅう》！ 青龍《せいりゅう》!!
お祖父様《じいさま》はご病気なのですよ
那伽《ナーガ》や…
ヨボヨボ…
王の孫であるあなた以外にだぁ——れが〝龍王《りゅうおう》〟を継ぐんです!?
う゛
んなもん継ぎたい奴が継ぎゃーいいだろおっ!!

そおいう問題ではないでしょう?
あなたがなんと言おうと十日後には継承式《けいしょうしき》を行いますっ
とにかくっ継がねーーったら継がねーーんだ!!
なんのっ!!
まけませんぞっ
そんな勝手は許っしませんっ!!
だぁーーめだこりゃ……
青スジ立てちゃっても〜
ううう
どうしても継いでくれんかいのぉ……

ガシャガシャ
おりゃーー
ごめんだね
そんなきゅーくつなのは
好きなよーーにさせて
もらう
那伽《ナーガ》!!!

那伽《ナーガ》!!
きゃ
那伽様《ナーガ》
白龍《はくりゅう》や……
おうおう
わかっております。
青龍《せいりゅう》!!
?
行って那伽《ナーガ》を説得して来い
まいったな——っ
兄者《あにじゃ》も那伽《ナーガ》もがんこ者だからまあしれつなこと……
那伽《ナーガ》?

ナー……
最近……
青龍《せいりゅう》も白龍《はくりゅう》も俺の相手をしてくれないんだな
なんだ？
なんのこっちゃ
わあっ
俺が龍王《りゅうおう》の継承者だからか？だから……
剣の相手もしてくれねえのかよっつってんだよおっ

ぽむ
あ
あ――ははは
はははは
げらげらげら
ぱん ぱん
なんだよおっ
あほ
んなわきゃ ねーだろが
いいか 那伽《ナーガ》
俺たちが相手を しないのはなあ
おまえが充分強くなった からだよ 天界の四方の 守護の一つ西の守りの要《かなめ》 龍族《りゅうぞく》の長《おさ》にふさわしい くらいにな 俺たちじゃもう おまえの相手は つとまらねーんだよ

なんだそりゃ
わかったら さっさと白龍《はくりゅう》にあやまって
龍王《りゅうおう》を継ぐと言えよ おまえはきっと良い王になる
白龍《はくりゅう》も俺も おまえが王になるのを 楽しみにしてたん だからな
青龍《せいりゅう》
とん…

だぁ――っもうっ
この年で将来決められるなんてあーやだやだ
ポウ!!!
と……
なんだ……東の結界に侵入者?
あれは……噂に高い夜叉王《やしゃおう》じゃないか
こんな所で何してんだ?
これわぁ……
くっ…くくくっ

はぁーっはっはっはっ
おいしーおいしー
おいしーぜえっ

もしかすっと
天界最強の武神将
北の夜叉王《やしゃおう》と手あわせ
できるかも
しれねーぞっ!!
超・ラッキー
ぴす

夜叉《やしゃ》ぁ! すっごーい 水がきれーだよっ お魚もいっぱい♡
この天界の西の果ては 水界を守護《しゅご》する龍族《りゅうぞく》の 治める地だからな
天界の中でもっとも 水の豊かな土地なのだ
ふーーん

ザシュッ
ぱしゃん
!
チャキッ
ばしゃばしゃ
北方将軍《ほっぽうしょうぐん》毘沙門天配下《びしゃもんてんはいか》
夜叉王《やしゃおう》とお見受けする

俺は那伽《ナーガ》！西方将軍《せいほうしょうぐん》　広目天配下《こうもくてんはいか》龍王《りゅうおう》の和孫《わこ》

一手　手合わせ願いたい！
…………
わ……
わっわ——っ!!
ちょっと待て
こら！

人がせっかく名乗《なの》ったのに
無視すんじゃねえっ
うわさにたがわず無礼で尊大《そんだい》な奴だな
じぃーーっ
な…なんだおまえは
夜叉王《やしゃおう》あんたの子か？

ちがう――
だったらなんだ？
それになんであの武勲《ぶくん》に名高い夜叉王《やしゃおう》が
こんな所うろちょろしてんだよ
あ　こらっ
スタスタ…
待て!!
聞こえなかったのか
一手手合わせ願いたい
天界最強《てんかいさいきょう》の武神将《ぶしんしょう》……
夜叉王《やしゃおう》

でやああ
まずは一本もらったあっ!!

くる くる
くる
わあっ!!
ちっ
くる くる
さすが夜叉王《やしゃおう》
手ごたえがちがうぜ!
ならば!!
これは……
ばしゃ

どうだっ…てんだーーっ
ちきしょーめ!!
いっけえ
水龍《すいりゅう》!!
くらえっ
海王陣《かいおうじん》!!!

たあっ
もらったあ!!
ビュー・・・

わっ
ザ
くっ
ちくしょ――っ
やっぱ強えや
ねえ
ねえ
ぐいぐい

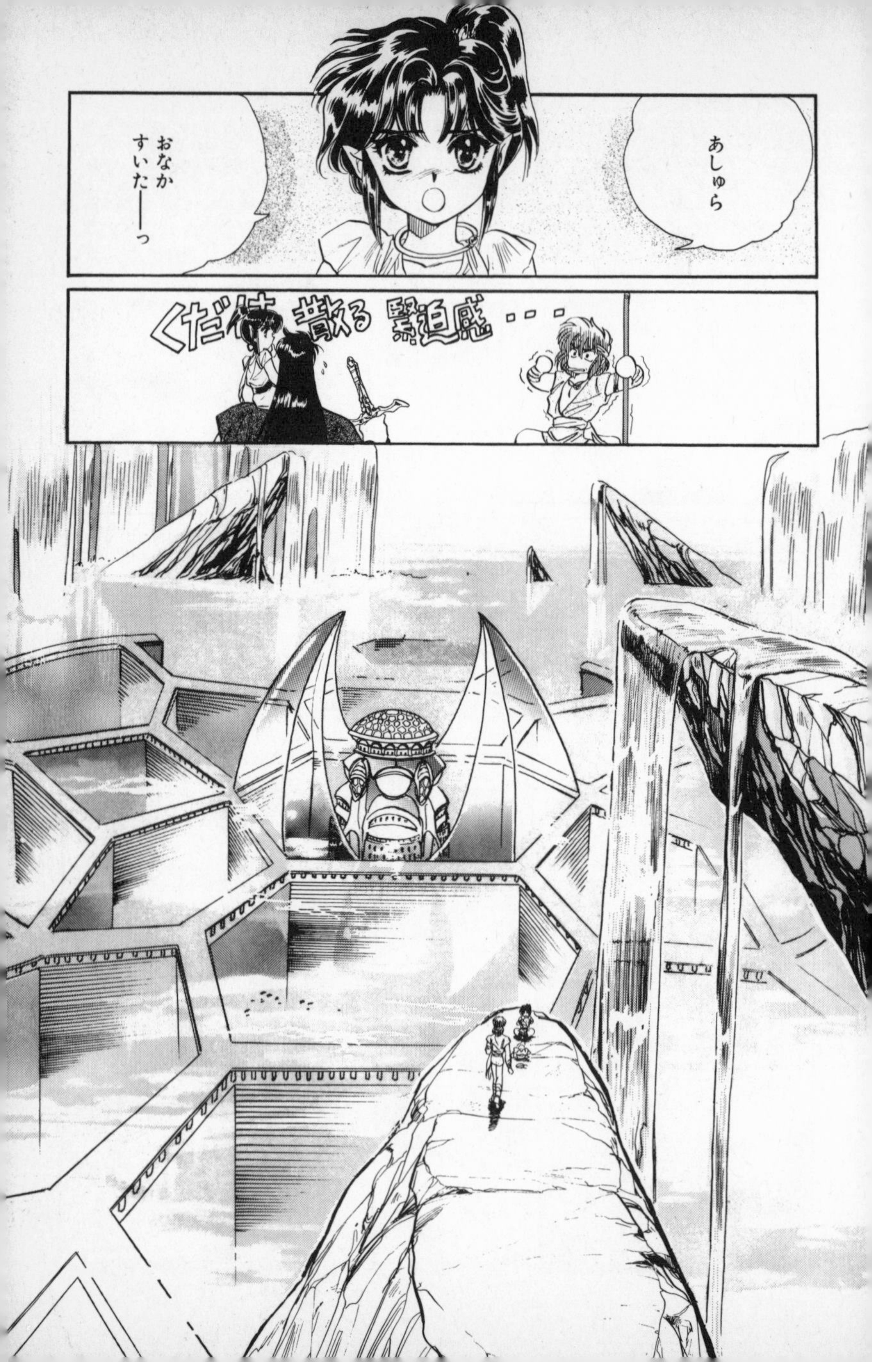
あしゅら
おなか すいた——っ
くだけ散る緊迫感・・・

ほらよ 野菜も食えよ
はぐはぐ
あぐあぐ
夜叉王《やしゃおう》とのせっかくの手合わせを邪魔しやがって……
じー…
んぐんぐ
ほらついてる
おまけにおまえが阿修羅《あしゅら》だって?
阿修羅族《あしゅらぞく》っていやあ容姿端麗《ようしたんれい》頭脳明晰《ずのうめいせき》痩身優美《そうしんゆうび》な一族って相場は決まってんだ おまえみたいなちんくしゃのどーこが阿修羅《あしゅら》なんだか!
やっぱ氏《うじ》より育ちだよなー
品位のカケラもねーぜ
それにもうずいぶん昔に滅《ほろ》んで……
おまえいくつだ?
んーとね こんだけ
三歳《みっつ》?
さんびゃく
うそつけ
あーーあ
ごろん!!
阿修羅王《あしゅらおう》が四天王《してんのう》をたばねていた時代はよかったってな
四天王《してんのう》もあんないばりちらした奴らじゃなくって仲良く天界を四方《しほう》に分けて守護してたんだとさ

俺も龍族《りゅうぞく》の王になったら
四天王《してんのう》の一人 広目天《こうもくてん》の下《もと》で
戦うことになる
でも俺は広目天《こうもくてん》が
一族すべての命を
あずけるに足る将だとは
とても思えねえ
"龍王《りゅうおう》"に
なるの?
那伽《ナーガ》
ああじっちゃんが
病気でな 長く
ねえらしいんだ
俺ぁ いや
なんだけどよ
那伽《ナーガ》は
強い?
……らしいな
よいしょ
ひょいっ
だから青龍《せいりゅう》や
白龍《はくりゅう》が相手して
くれない
だったら
大丈夫だよね
?
なにが?

阿修羅《あしゅら》のせいで死んだりしないよね
ぜったいぜったいだいじょうぶだよねっ
行くぞ
阿修羅《あしゅら》
?
?
こら夜叉王《やしゃおう》
手合わせはっ!?
先をいそぐ
なら俺も行く!
龍王《りゅうおう》の跡取《あとと》りが何を……

行くったら行くぞ!!
俺は夜叉王《やしゃおう》から手合わせで一本取れるまで絶対諦《あきら》めないからな!!
我らは天帝軍に謀反人《むほんにん》として追われる身
関わるな
我らは天帝帝釈天《てんていたいしゃくてん》を倒しに行くのだぞ
夜叉《やしゃ》ぁ那伽《ナーガ》もいっしょに行こうよ
おもしろそーじゃねーか
どんっ
俺もまぜろよ
ぜったいいっしょじゃなきゃいやだっ

ぱんっ
やった!!
決まりだぜ
おまえから
誰かの同行を
求めるとは
めずらしいな
そうと決まれば……
善はいそげだ!!
那伽《ナーガ》!?
ザザザザ
天帝軍《てんていぐん》相手なら
武器《えもの》がいるだろ?
取りに行ってくる
すませなきゃならん
用事もあるしな
ちょっと待っててくれ
白龍様《はくりゅう》
青龍様《せいりゅう》
那伽様《ナーガ》が
もどられました

那伽《ナーガ》!!
だかだかだかだか
どこ行ってたんです!? 探したんですよっ
俺 龍王《りゅうおう》 継《つ》ぐ
…な…に?
龍王《りゅうおう》継ぐっつったんだよ うれしくないの? おまえら
ふるふるふるふる
うっれし—— ですよっ
がばっ
さっさとおっしゃい そおいうことはっ
いっ
式典の準備だ!! いそげ!!

ギギギ
龍宮《りゅうぐう》の最下層です
那伽《ナーガ》……
この泉の底から刀一本抜いてくりゃいいんだろ？まかせとけって
もっとも俺が王位《おうい》を継ぐにふさわしくなければびくとも動いてくれないだろーけどな
ドボーン
ゴボン…
ゴボ…
ゴボ…

けっこう深いな
水界のすべての魔物を
封《ふう》じたと
言い伝えられる泉の底の『門』の
鍵である『龍牙刀《りゅうがとう》』
この龍牙刀《りゅうがとう》を
抜き
新たな王として
改《あらた》めて『門』に
封印《ふういん》を施《ほどこ》すのが
龍族《りゅうぞく》の継承《けいしょう》の儀式《ぎしき》
あった!!

これが『門』!?
龍牙刀《りゅうがとう》……
龍王《りゅうおう》の証《あかし》
ぎゅっ
これを抜けば『龍王《りゅうおう》』
水界《すいかい》の王……

おまえはきっと
良い王になる
天帝《てんてい》帝釈天《たいしゃくてん》を
倒しに行くのだ
那伽《ナーガ》は
強い？
やってやろーじゃん
ゴボ‥‥
きゅっ

ズズズズズズズ…
オオ
俺は……
強くなる！
もっともっと
強く

ゴオオォオ

パアアアァーッ
やった
抜けたぞ
これが……
龍牙刀《りゅうがとう》……
今度こそちゃんと
手合わせしてもらうぜ！
夜叉王《やしゃおう》!!

はっ
那伽《ナーガ》!?
兄者《あにじゃ》
逃がしませんよ
那伽《ナーガ》！
どこへ行くんです
那伽《ナーガ》!!
白龍《はくりゅう》!?

この天界には俺よりももっともっと強い奴がいる
俺はもっともっと強くなりたい!!
俺が本当に強くなって龍族《りゅうぞく》を背負えるほどになったら帰ってくる
びしっ
それまでじっちゃんの延命《えんめい》作業《さぎょう》をよろしくなっ
那伽《ナーガ》
その龍牙刀《りゅうがとう》を持つ限り貴方《あなた》は龍族《りゅうぞく》の王
王のお決めになったことに従うのが一族の掟《おきて》
白龍《はくりゅう》……

べしっ
ぶっ
あにすんだっ
行ってらっしゃいませ
ご武運《ぶうん》をお祈りしております
王……
もうちょっと待ってよ夜叉《やしゃ》
あ……
よっこらしょ
那伽《ナーガ》!!

たった今から
『龍王《りゅうおう》』だ
龍王《りゅうおう》？
龍族《りゅうぞく》の王
『龍王《りゅうおう》』
じゃあ
『龍《りゅう》ちゃん』だ
ちがう
りゅーちゃーん
おなかすいた
龍宮《りゅうぐう》にもどれ
龍王《りゅうおう》
我《われ》らと関《かか》わったと
知れれば
龍族《りゅうぞく》にも謀反《むほん》の
疑《うたが》いが
かけられよう

天帝《てんてい》 帝釈天《たいしゃくてん》の世では
謀反の代価《だいか》は
一族の滅亡《めつぼう》
おまえは王でありながら
龍族《りゅうぞく》を滅《ほろ》びの道へ
導くつもりか!?
悪いことは言わん
すぐもどれ龍王《りゅうおう》
謀反《むほん》だって!?
あーははははは
んなおおげさな!!
ただの武者修行《むしゃしゅぎょう》
だって!
俺は自分の意志で勝手に
あんたについて行くんだ
龍族《りゅうぞく》は関係ないね!
あんたが気にすることは
何一つないぜ!!
いっしょに行こうよっ
夜叉《やしゃ》——っ!!
勝手にしろ
わーい
ぱん
六星を探すなら
まず修羅刀《しゅらとう》を探せ
修羅刀《しゅらとう》は西の辺境の果て
地底城『倶修摩部羅《クスマブラ》』に
封印《ふういん》されている

孔雀《くじゃく》……おまえの言うことを
すべて信じるわけではないが
たとえ地の果てでも
行かねばなるまい
阿修羅《あしゅら》族の王位の証し
修羅刀《しゅらとう》
六星を探し出す……鍵

トクーン
トクーン
来るがいい
阿修羅《あしゅら》の御子《みこ》

この倶修摩部羅《クスマプラ》が貴様の墓場となる
ククククク

帝釈天《たいしゃくてん》を打倒し
我が一族を再興するための力
『修羅刀《しゅらとう》』を手に入れるため
貴様の生命《いのち》もらいうける

どこ行くんだよ
夜叉王《やしゃおう》！
帝釈天《たいしゃくてん》をやっつけに行くなら
ぜんぜん逆《ぎゃく》だろう？
どうして樹海《じゅかい》の奥《おく》へ行くんだよ
倶修摩部羅《クスマブラ》に用《よう》がある
え——っっ!!
あんな所《とこ》
なんにもないぜっ
りゅーちゃん
おなかすいたぁ
さっき喰《く》ったばっか
だろ！

わーっ わーっ
がおーっ
にゃははは
……蘇摩《そうま》か
ダッ
お気づきでしたか 夜叉王《やしゃおう》
ザザザザー
誰だぁ!?
スタッ
ニコッ
蘇摩《そうま》と申します 『龍王《りゅうおう》』

なんで俺が龍王《りゅうおう》継《つ》いだの知ってんだ?
? ?
継承式《けいしょうしき》のあとそのまま出て来ちまって顔見せもしてないのに
私は夜叉王《やしゃおう》をお助けし
阿修羅《あしゅら》の御子《みこ》をお守りするよう言いつかっております
もちろん貴方のことも存じ上げております
このこぶたのどこが『御子《みこ》』なんだ
阿修羅《あしゅら》こぶたじゃない!!
何言ってやがるっ!! いっつも口開けば『おなかすいた』ばっかりじゃねえかっ!
にぎやかになりましたね

帰れと言ったが聞かなかった
帝釈天《たいしゃくてん》の謀反人《むほんにん》に対する処遇《しょぐう》は『死』のみだ 龍王《りゅうおう》が同行して龍族《りゅうぞく》にいらぬ嫌疑《けんぎ》がかからねば良いが……
なんだ？
お優《やさ》しいのですね
闇夜《やみよ》の魔族《まぞく》も その名を聞いて身を潜《ひそ》める という『鬼神《きじん》・夜叉王《やしゃおう》』
噂《うわさ》とは随分違った方 なのですね……
少々びっくりしました
蘇摩《そうま》
この西の辺境にあるという『倶修摩部羅《クスマブラ》』を知っているか？
聞きなれない言葉を聞いて ちょっと びっくりしている。
どう切りかえそうか迷っている
とりあえず別の話題を ふってみる。
ここらへん
どーよー している。

地底王《ちていおう》・倶摩羅天《くまらてん》の居城ですね
かつて倶摩羅天《くまらてん》のもと
豊かな地下資源《ちかしげん》の恩恵《おんけい》とともに数万の民が暮らしていた
花の都『倶修摩部羅《クスマブラ》』
その常春《とこはる》の地底城も三百年前の『聖戦《せいせん》』で一族は皆殺し
城はすでに廃墟《はいきょ》となって樹海《じゅかい》に没したと聞きおよびますが……
その倶修摩部羅《クスマブラ》に修羅刀《しゅらとう》があるというのだ
『修羅刀《しゅらとう》』が!?
誰にそのようなことを?

孔雀《くじゃく》だ
孔雀《くじゃく》？
その者 信用できるのですか？
やあしゃあ――っ りゅうちゃんだいすきるーっ
とととっ……
ぱふん
しかし修羅刀《しゅらとう》は 帝釈天《たいしゃくてん》を倒す運命にある 六星《ろくせい》を探す鍵《かぎ》となる
他に手掛《てが》りもあてどもない 戦《たび》だ……行くしかあるまい
わからん
わかりました
この先の岩山に 倶修摩部羅《クスマフラ》への入口の 一つがあるはずです
皆様が地底城へ 下《お》りられている あいだ
私は外で敵の 警戒《けいかい》を……

では……
阿修羅《あしゅら》の御子《みこ》
龍王《りゅうおう》……
お気をつけて
ハタ
ハタ…
見ろよ
天帝軍《てんていぐん》の軍旗《ぐんき》だ
征服《せいふく》した証《あか》しの
つもりなんだぜ

下《お》りるぞ
待てよっ
やっとこの倶修摩部羅《クスマブラ》にやって来おった
阿修羅王《あしゅらおう》の血を引く御子《みこ》が
どうだ　うれしかろう迦羅《カーラ》
おまえの主《あるじ》の忘《わす》れ形見《がたみ》だ

もうすぐ殺されるとも
知らずに
のこのこやって来おるわ
先王《せんおう》亡き今幼いながらも
その御子《みこ》が『阿修羅王《あしゅらおう》』です
倶摩羅天《くまらてん》……
あなたは
『阿修羅王《あしゅらおう》』と
戦うのですか
ガシャーーン!
このような子供《こども》
恐れるに足《た》りんわ!!

爺《じい》 行くぞ
どちらへ？ 若《わか》
クッ
未《いま》だ幼くとも 阿《あ》修《しゅ》羅《ら》族《ぞく》の王は王
丁重《ていちょう》にお迎え せねばな
御意《ぎょい》
…………

ここが……
花の都
倶修摩部羅《クスマプラ》？
滅《ほろ》んだ都市《まち》だからな
すっかり
さびれてるな——
コツ…

で？夜叉王《やしゃおう》 何《なに》探《さが》すんだ
誰もいないね
刀《かたな》だ
城の最下層《さいかそう》のどこかにあるはずだ

修羅刀《しゅらとう》
孔雀《くじゃく》は修羅刀《しゅらとう》は
地底城・倶修摩部羅《クスマブラ》の
奥深くにあると言った
ならばここ以外に
考えられん
ガタガタ
ケホケホッ
ガラガラガラ
わっ
ホントに
あるのかよ——
きゅう…
カラン

な…なにっ？
地面が……
体がしずんでく!?
どうして？
や……っ

やしゃあーーっ!!
阿修羅《あしゅら》!?
なんだ?
おいっ
阿修羅《あしゅら》!!
夜叉《やしゃ》!!

ぜぇーっ
なにごと——っ!!
今行く!
!
バキィーン
!
やしゃ——っ
ちいっ

阿修羅《あしゅら》ーっ!!
夜叉《やしゃ》ーっ

阿修羅《あしゅら》!!
や…しゃ…
タタタッ
阿修羅《あしゅら》
阿修羅《あしゅら》
ダン
ダン
ダーン

阿修羅《あしゅら》ああ――!!
ボゴッ
帝釈天《たいしゃくてん》の手の者か……

夜叉王《やしゃおう》!!
血が……
うかつだった
ここが最下層では
なかったのだ
倶修摩部羅《クスマブラ》は
廃墟の下にもまだあったのか
阿修羅《あしゅら》——っ!!

呼んでる……
ドクン
ドクン
夜叉《やしゃ》かな……？
ううん　ちがう
これは……
もっと阿修羅《あしゅら》に近い波動《ちから》だ
ドクン
ドクン

なんの波動《ちから》かな?
夜叉《やしゃ》とはちがう
……でも
夜叉《やしゃ》と同じ
阿修羅《あしゅら》を
守ってくれる
波動《ちから》だ……
ん……
?
へんな天井《てんじょう》
ここは?
ようこそ
倶修摩部羅《クスマブラ》へ
阿修羅《あしゅら》の御子《みこ》

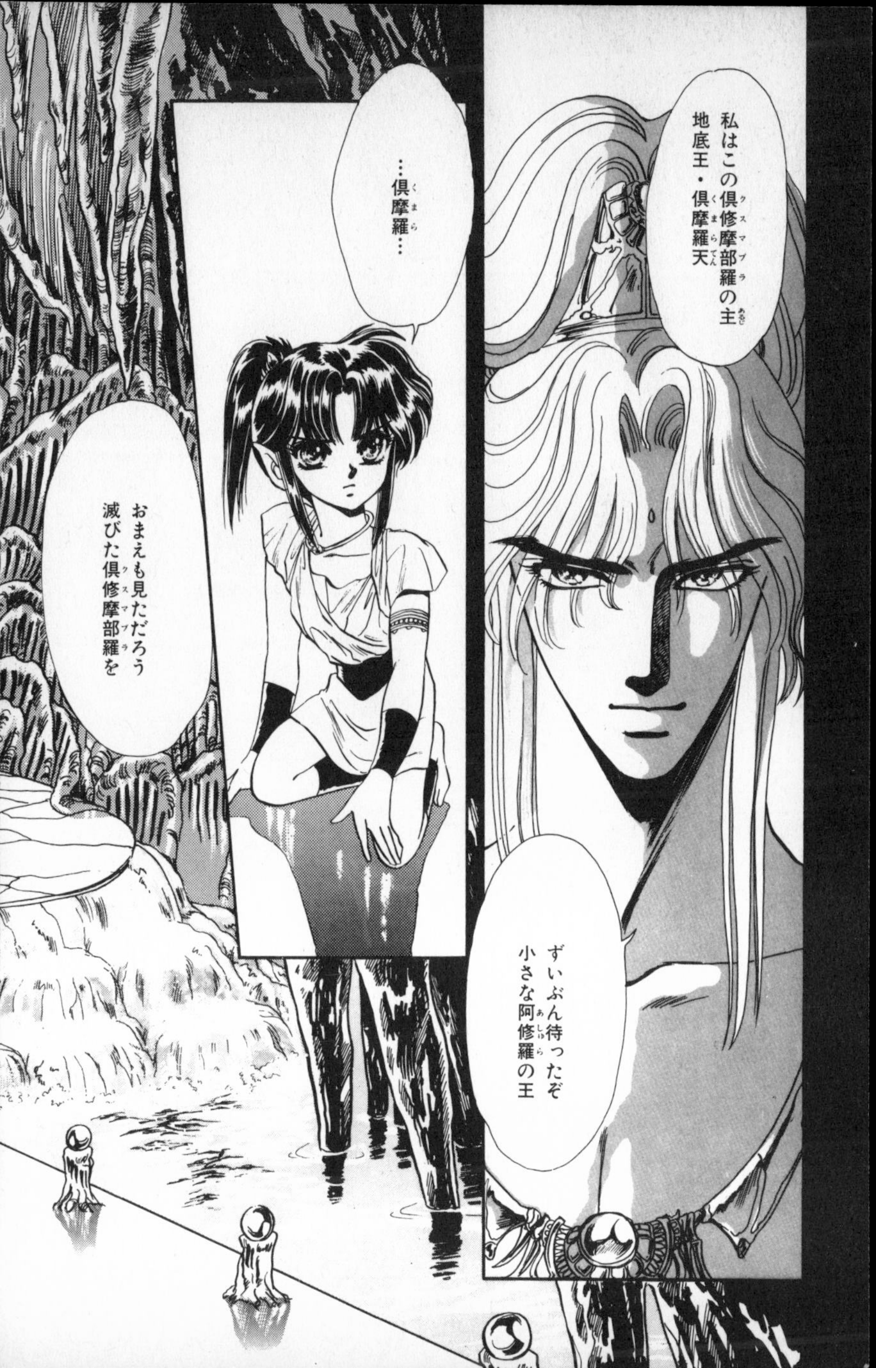
私はこの倶修摩部羅《クスマブラ》の主《あるじ》
地底王・倶摩羅天《くまらてん》
……倶摩羅《くまら》……
ずいぶん待ったぞ
小さな阿修羅《あしゅら》の王
おまえも見ただろう
滅びた倶修摩部羅《クスマブラ》を

かつては天界で一　二を競う
豊かな都市《みやこ》であった
一年中花が咲き乱れ
『花の都』と呼ばれていた……だが

我が一族は三百年前の『聖戦』で
帝釈軍《たいしゃくぐん》に滅ぼされた
今は廃墟となって残っている『倶修摩部羅《クスマブラ》』は本来の十分の一もない
倶修摩部羅《クスマブラ》の大方《おおかた》は数千数万の民とともに地中《ちちゅう》に没《ぼっ》した
地下に生きうめにされた者
帝釈軍《たいしゃくぐん》の攻撃による火災で焼け死んだ母子《ははこ》
それでも数日のあいだはまだ息のある者たちが帝釈天《たいしゃくてん》への呪詛《じゅそ》をつぶやいていたが
それも絶《た》えた時
倶修摩部羅《クスマブラ》は永遠に失われた
しかし

完全に死んでしまったわけではない
地中深くにひそみ いつか来る復讐《ふくしゅう》の日を待っていた
天帝《てんてい》となった帝釈天《たいしゃくてん》を倒し
我が一族のうらみをはらす日を
はなせ!!
もとん所に帰せよ!
簡単に帰すわけにはいかん
修羅刀《しゅらとう》の復活におまえの力がいるのだ
しゅら……とうの復活?
そうだ代々の阿修羅《あしゅら》にしかふるえぬ刀《かたな》
その刀を手に入れ帝釈天《たいしゃくてん》を倒す
今はあのように自分で繭《まゆ》を作って手をふれることもできんが……

阿修羅王《あしゅらおう》の世継《よつ》ぎの
生き血と
七日後に起きる
月食の力を使えば
修羅刀《しゅらとう》は復活する
帝釈天《たいしゃくてん》を倒すため
その血を私にさし出せ
やだっ!!
おまえなんかに帝釈天《たいしゃくてん》を
やっつけられるもんかっ
帝釈天《たいしゃくてん》は夜叉《やしゃ》が
やっつけるんだもんね!!
阿修羅《あしゅら》と約束したんだからっ!!
そこどけよっ
帰るったら帰る!!
ちいっ
一人前に
火を操るのか!?
こざかしい

ダッ
どこへも
逃げられん
バチッ
ゴゴゴゴゴ
!
ズズズズズ
わっ

ダッ
バシバシッ
あぶないい!!
!
阿修羅王《あしゅらおう》!!
ザザッ
ズザザ
……………

ご無事ですか？
阿修羅王《あしゅらおう》
幼《おさな》き王を身をていして守るとは
見上げた忠義《ちゅうぎ》だな……
迦羅《カーラ》
修羅刀《しゅらとう》を復活させるための大切《たいせつ》な贄《にえ》だ　傷《きず》はつけん
月食《げっしょく》の日までの七日間
阿修羅王《あしゅらおう》にはこの地底城にとどまっていただく
カッカッカッカッ
阿修羅王《あしゅらおう》

ご安心ください
この生命《いのち》にかえても
必ず
お守りいたします
……わが王《きみ》

だめだ どこもかしこも崩《くず》れ落ちてて 下に降りる入り口なんて どこにもねえ
しかしなんで 阿修羅《あしゅら》だけ引き込まれちまったんだ? 元々ここは落とし穴か何かだったのか?

違うな
誰だ!?
若き龍王《りゅうおう》にはお初にお目もじつかまつる
さすらいの旅芸人《たびげいにん》孔雀《くじゃく》でぇーっす
『遊び人の孔《くー》さん』と呼んでねっ
なんでみんな俺のこと知ってんだぁ?
おまえも『夜叉王《やしゃおう》を助けて阿修羅《あしゅら》を守る』って奴か?
ぱたぱた
ちがうちがう『阿修羅《あしゅら》をおもちゃに夜叉王《やしゃおう》で遊ぶ』のが使命《しめい》の者です

『倶修摩部羅《クスマフラ》』の最下層《さいかそう》への入り口は何処《どこ》だ!? 孔雀《くじゃく》
『倶修摩部羅《クスマフラ》』の入り口を開《ひら》けるのは王である『倶摩羅天《くまらてん》』のみ
大丈夫 阿修羅《あしゅら》はまだ無事だ
あれでもれっきとした『阿修羅王《あしゅらおう》』だ
阿修羅《あしゅら》が真の『阿修羅王《あしゅらおう》』であれば必ず修羅刀《しゅらとう》を持って帰って来る

夜叉王《やしゃおう》が心配しなくても 阿修羅《あしゅら》にはちゃんと 味方がいるから大丈夫
なっ なっ
ほらっかわいい子には 旅をさせろっていうし 獅子《しし》だって我が子を 千尋《せんじん》の谷へ蹴《け》り落《お》とす って……
あれって何度でも はい上がってくるたびに 蹴落《けお》とすんだろ？
それじゃ ただのいじめだって
しーん
じ
く…っ 暗いねえ 夜叉《やしゃ》のだんな
くるっ
だろっ？ だろぉ～!? 落ち込んじまってさあ ずっとあそこに座り込んで まるで女房《にょうぼう》に逃げられた 亭主《ていしゅ》みたい
こそこそっ
追手《おって》か!?
きゃーっ
わーっ
しんじらんなーいっ
おじさん!! すぐ刃物にうったえるクセ やめてよねっ
このようなガレキの山に なんの用があるかは 知らんが バカな奴よ 夜叉王《やしゃおう》

他の入り口を
すべて塞《ふさ》げ
猫の子一匹
逃がすでないぞ
反逆者《はんぎゃくしゃ》め
西方将軍《せいほうしょうぐん》広目天《こうもくてん》配下《はいか》
この婆留那《ヴァルナ》が
ひねりつぶしてくれるわ!!
くすっ♡
わき わき
足音だ
49…いや52か
おおーっ
天帝軍《てんていぐん》の
お出ましだ!

夜叉王《やしやおう》！天帝軍《てんていぐん》の追手《おつて》が
誰の手の者だ
あの軍旗《ぐんき》は西方将軍配下《せいほうしようぐんはいか》総勢《そうぜい》52名
どうする夜叉王《やしやおう》ここで迎え撃つか!?それとも逃げるか？
阿修羅《あしゆら》がこの下にいる
コツ
阿修羅《あしゆら》が真《しん》の『阿修羅王《あしゆらおう》』なら必ず帰ると言ったな孔雀《くじやく》
阿修羅《あしゆら》が真の『王』なら……な
だが阿修羅《あしゆら》はまだ幼い……
もう三百歳だけど

50でも100でも来やがれってんだ! 腕《うで》がなるぜ!!
蘇摩《そうま》もお手伝いいたします
力いっぱい見物させてもらう
なあ 夜叉王《やしゃおう》
おまえがそこまで阿修羅《あしゅら》を庇《かば》うのは何故《なぜ》だ?
六星《ろくせい》を集め帝釈天《たいしゃくてん》を倒すためか?
それとも……

阿修羅王《あしゅらおう》
何かご不自由《ふじゆう》はありませんか?
いっぱい不自由だよっ!
そんなことより早く夜叉《やしゃ》の所に帰してよ!!

今少しお待ちください この迦羅《カーラ》が
必ず修羅刀《しゅらとう》とともに元にお帰しいたします
プイ
信じらんないな 迦羅《カーラ》は倶修摩部羅《クスマブラ》の人だろ
私……は
私は阿修羅族《あしゅらぞく》の神事《しんじ》を行う『神女《みこ》』
先の阿修羅王《あしゅらおう》にお仕《つか》えしていた『神女《みこ》』です
阿修羅族《あしゅらぞく》の……『神女《みこ》』!?
阿修羅《あしゅら》の他にも生き残りがいたんだ

じゃあ…じゃあさ 阿修羅族《あしゅらぞく》のこと 知ってるんだねっ
聞かせて 阿修羅族《あしゅらぞく》のこと!!
おおせのままに わが王《きみ》
阿修羅族《あしゅらぞく》は 天界《てんかい》の光 幻力《マーヤー》と炎を司《つかさど》る民
十二神将《じゅうにしんしょう》を伴《ともな》い 四天王《してんのう》を束《たば》ねる阿修羅王《あしゅらおう》は 天帝《てんてい》と天帝の治《おさ》められる天界の 守護闘神《しゅごとうしん》でした

城は天帝《てんてい》のおわす
善見城《ぜんみじょう》と『対《つい》』を成し
ちょっと見には
水面に映った
影のように見えるのです
不思議《ふしぎ》な水の中にあって
私たちはその中で
暮《く》らしていました
ねえねえ
迦羅《カーラ》
阿修羅《あしゅら》の
お父さんって
どんなだったの?
美しくて強くて
気高《けだか》い阿修羅《あしゅら》の王
立派《りっぱ》な父君
でしたよ
その水の中には阿修羅族《あしゅらぞく》と
その血を受け特別に
許された者のみが
入れるのです
じゃあ……
じゃあ…さ
もじ
もじ
はい?
阿修羅《あしゅら》の
お母さん……は?

お母さん…ってさあ どんな人だった？
ねえ 迦羅《カーラ》
ズギッ
そ… それは……
と…とても かしこくて 快活《かいかつ》で……
ぎゅっ
うんうん
きちん
なんでも良く できて……
私の双児《ふたご》の妹で…… 名は舎脂《しゃし》
二人で阿修羅族《あしゅらぞく》の神女《みこ》に 召しかかえられました 阿修羅族《あしゅらぞく》の『神女《みこ》』は 代々人間の中から 選ばれたのです
舎脂《しゃし》……

夢のようね
阿修羅族《あしゅらぞく》の神女《みこ》に選ばれるなんて…
何を言ってるの 迦羅《カーラ》
一番能力《ちから》に長《た》けた者が神女《みこ》の資格《しかく》を得るのよ
舎脂《しゃし》ったらそんなこと言って……
阿修羅王《あしゅらおう》にお仕《つか》えできるなんてそれだけで人もうらやむのに
『神女《みこ》』の地位までか天界《てんかい》の方々と同じだけの寿命《じゅみょう》までいただいて…
『神女《みこ》』となる者に神格が与えられるのは当然のことだわ
舎脂《しゃし》?
私はね あなたとは違うの

あなたみたいに阿修羅族《あしゅらぞく》の『神女《みこ》』なんかで満足したりはしないのよ姉さん
私の望みはねすべてのものの上に立つことよ人間はもちろんのことこの天界《てんかい》の神々この世のすべてを……
この舎脂《しゃし》の足もとにひざまずかせてやるのよ
何を言っているのかわかっているの?
舎脂《しゃし》人間の身でそんな大それたこと望むなんて恐ろしい
わかってないのは姉さんのほうね
私はもうそのための力を手に入れたわ阿修羅王《あしゅらおう》が与《あた》えてくれた
神と同じ寿命《じゅみょう》も力も……ね

美しくて強くて
恐ろしい舎脂《しゃし》……双児《ふたご》なのに
私とは正反対だった
ピィ
ピィ
ばたたっ
まあかわいらしいのね 舎脂《しゃし》
王からの贈《おく》り物《もの》よ
世話はあなたにまかせるわ 迦羅《カーラ》
どうして? せっかく王から あなたへ……
やがて王妃《おうひ》にと 望まれて
阿修羅王《あしゅらおう》の花嫁《はなよめ》と なった舎脂《しゃし》
私いそがしいのよ ヒマな人が世話してよ

それより見て!
婚礼《こんれい》の衣装《いしょう》よ!!
あっ
ビクッ
ばたばた
ピピッ
衣《ころも》がからまってしまったわ
なんていまいましい鳥
舎脂《しゃし》やめて!!
ピピッ

始末《しまつ》しておいてちょうだい
ぐすっ
舎脂《しゃし》は阿修羅王《あしゅらおう》と結ばれて……
やがてお世継《よつ》ぎを身ごもりました
あなた様です
ですが三百年前の聖戦《せいせん》で……

いでよ！ 守護獣 羅睺《ラゴ》
舎脂《しゃし》
どこへ行くの!?
今天界は 大変な時なのよ それなのに
あ…あなたは 神妃《おうひ》でありながら
どこに行こうと いうの!!
あなたは本当にばかね 迦羅《カーラ》
こんな時でもなければ 私の望みはかなわないじゃない
私 行くわ
ザバァッ

やめて!! 帝釈天《反逆者》のもとへ行くなんて!
天帝と阿修羅《あしゅら》一族《いちぞく》を 裏切《うらぎ》るのはやめて
あら知っていたのね
どうしても会いたいのなら もうこれっきりと 約束して
このままでは何百年戦おうとも 帝釈天《たいしゃくてん》に 勝利はないのよ
そう…… このままではね
でももし阿修羅族《あしゅらぞく》に 通じる者が味方したら 天界を手中に収めるのは たやすいことだわ
阿修羅《あしゅら》の陣《じん》の 手薄《てうす》な所 弱点…… 戦力 能力…… 私はすべて知っているわ
別に帝釈天《たいしゃくてん》でも 誰でもいいのよ
覇王《はおう》になろうという 者なら

今のまま『天界《てんかい》の守護闘神《しゅごとうしん》の妻《つま》』でいるより『天界《てんかい》の王《おう》の妻《つま》』の方がいいわ
まって舎脂《しゃし》
王は一度も私を見てはくださらなかったわ
阿修羅王《あしゅらおう》を愛してなかったの
王が欲しいのは世継《よつ》ぎだけよ
ダッ
お腹《なか》の赤児《あかご》はどうするの!? 阿修羅王《あしゅらおう》の子よ
これから私の邪魔《じゃま》になるわね
だったらいつかの小鳥みたいに

この手で殺すわ
迦羅《カーラ》 ねえねえ
聖戦《せいせん》でお母さんはどうしたの？
ぞく…
え…あ……
い…いろいろと事情があってあなたを手もとで育てられなくて……
でもとてもあなたがお生まれになるのを待ち望んでらっしゃいましたよ
ほんと!?

迦羅《カーラ》
こんな所におったか
御老《ごろう》……
倶摩羅様《くまらさま》が
お呼びだ 早《はよ》う参《まい》れ
まったく油ばかり
売りおって
神女《みこ》ふぜいが……
なんだよえばっちゃってさ
倶摩羅《くまら》ん所なんか
行くことない
倶摩羅《くまら》なんか
大キライだ
本当は……
良い方なのです
帝釈天《たいしゃくてん》への恨《うら》みに
少し『歪《ゆが》んで』しまわれた
だけ
本当は心根《こころね》の優《やさ》しい
立派《りっぱ》な方《かた》なのです
倶摩羅《くまら》が
好きなの?
……子供が
生まれるのです……
私……
倶摩羅天《くまらてん》の御子《みこ》を
身ごもっているのです

えーーっ　ほんとっ
すっごーーい
ねっねっ赤ちゃん
いるのわかる?
…………
この子は生まれて来ては
ならない子供なのです
誰にも望まれずに
生まれて来る子供……
どうしてそんなことと
言うの!　ひどいよ
そんな言い方
かわいそうだ

おまえさえいなければ……
おまえが死ねばよかったんだ
技藝《ぎげい》は阿修羅《あしゅら》が『必要』だって言ってくれたもん!!
いる子だって……言ってくれたもん
誰にも必要だって言ってもらえないのは悲しいよ いらない子なんてさみしいよ
誰かに必要でないなら生きてけないよ

カツーン
カツーン
迦羅《カーラ》
ようやく戻《もど》ったか
やはり真《まこと》の主人《あるじ》と共にいると楽しいか刻限《とき》を忘れるようだな
ふん
あ

浮《う》かぬ顔だな
具合《ぐあい》でも悪いのか
私のこと心配して
くださるのですか
だ…誰も
おまえの
心配なぞしておらんわ
私はただ腹の
赤児《あかご》のことを
心配したのだ

この地底城の王になる赤児《あかご》だからな
誰がおまえの心配なぞするものか!
倶摩羅天《くまらてん》……
お母さんだって阿修羅《あしゅら》が生まれるの楽しみにしてたって
迦羅《カーラ》言ってたもん
阿修羅《あしゅら》はいらない子じゃないもん
そう言えばこんなに長いこと夜叉《やしゃ》と離れてるなんてはじめてだけど夜叉《やしゃ》どーしてるかなあ
やしゃあ——っさみし——よおっ

はぁ——っはははっは
ガラガラ
貴様《きさま》らごとき反逆者《はんぎゃくしゃ》
我が御大将《おんたいしょう》広目天《こうもくてん》様に
おいでいただくまでもない
今この場にて
貴様《きさま》らのそっ首
もらいうける!!
うわははは
ばあっ

ぎぎぃっ
あ———っ
てめ———は!!
婆留那《ヴァルナ》!!
おやこれはこれは
龍王《りゅうおう》の跡取《あとと》り殿《どの》まで
反逆者《はんぎゃくしゃ》の仲間とは
龍族《りゅうぞく》の反逆《はんぎゃく》が
露見《ろけん》した以上
ここで貴様《きさま》を
討《う》ち取り
私が『西の
武神将《ぶしんしょう》』の地位
いただく!
ガリッ
『西の武神将《ぶしんしょう》・龍王《りゅうおう》』に
取って替わろーたあ
いー度胸《どきょう》だぁ
このサルがあっ!!
ふん　ほざけ
それより夜叉王《やしゃおう》
阿修羅族《あしゅらぞく》のガキ
どこにかくした
どうせ貴様《きさま》の首を
討《う》ち取《と》ったあと
見つけ出し
丁重《ていちょう》になぶり
殺してやるがな
げらげらげら
しかし
己《おの》が一族はおろか
子供一人守れぬとは
なんとなさけない
『天界最強《てんかいさいきょう》の武神将《ぶしんしょう》』よ!!
だまれ……

なんだ!?
あの闘気《とうき》は!?
ザワ
夜叉王《やしゃおう》の瞳《ひとみ》の色が
深紅《しんく》に!?

お――っ 派手派手っ♡
どうやら夜叉王《やしゃおう》を本気で怒らせたようだな 夜色の瞳が闘気で血色にかわってる こりゃ荒れるぞ〜〜っ
わくわーく♡
『北の武神将《ぶしんしょう》・夜叉王《やしゃおう》』の首 取れるものなら
取ってみよ
むろん 阿修羅《あしゅら》には指一本 髪《かみ》一筋《ひとすじ》触《ふ》れさせぬ

ゾクッ
ば、ば、ば
ばけもんだ!!
ええい
ひるむな!!
なんという
殺気だ
闘気《とうき》でこれほどの
呪縛《じゅばく》を受けるとは
これが……
フォオオオオオ
天界の四方の境界を守る武神将《ぶしんしょう》のうち
最強と謳《うた》われた夜叉《やしゃ》の王……
鬼神
夜叉王《やしゃおう》の力!!

夜魔《やま》！
どひーーっ
げっ
この技はっ
夜叉王《やしゃおう》の奥技《おうぎ》

天狼剣《てんろうけん》──!!

ズガガガ!!
ぎゃあ
フオオオオオオ
がはっ
お…おのれ……
ビリビリ
ひゃー
す…すげえ

うおのれ——っ
夜叉王《やしゃおう》!!
この礼は倍にして
返してやる!
びっくりした ちょーっとビビっちゃったよ ヴァ
夜叉王《やしゃおう》は俺が殺《や》る
阿修羅族《あしゅらぞく》のガキは
そのあとだ
おまえたちは
龍王《りゅうおう》の小倅《こせがれ》と
女を殺せ!
はっ!!
あちゃー…!!
そこまで言う
『阿修羅《あしゅら》』『阿修羅《あしゅら》』って
あんまり連呼《れんこ》しないほうが良いと
思うな——
夜叉《やしゃ》の旦那《だんな》の逆鱗《げきりん》逆なで
しちゃってま——

女子供だとぉ
ナメやがって
ぶち殺す!
がってむ!
りゅ
龍王《りゅうおう》
かまうこたねえ
やっちまえ
夜叉王《やしゃおう》!!
ザコは引き受けてやるから
婆留那《ヴァルナ》のサル野郎《やろう》の首
みやげに取ってこいよなっ
龍王《りゅうおう》
そのセリフはちょっと
正義の味方らしくないですよ
こおい!!
夜叉王《やしゃおう》!!
ザッ

来な！ ザコの兄《あん》ちゃんたち
この龍《りゅう》牙《が》刀《とう》の刀《かたな》のサビにしてやるから
光栄《こうえい》に思えよ!!

小僧《こぞう》！ その剣は
形《なり》こそ大きいが
刃《は》がないではないか
そのような
なまくらで何を
切るというのだ!!
笑わせるな
なまくらかどーか
確かめてみるか？
あとで泣きベソかくなよ
行くぜっ蘇摩《そうま》!!
ダッ
おおおおおっ
超《ちょう》・派手にぶちかますぜ
双月葉《そうげっぱ》!!

ぐっ
はうあっ
ゴトッ!!
ゴトッ
破《は》邪《じゃ》海《かい》龍《りゅう》波《は》——っ!!!

ぎゃあああ

何が天界最強の『夜叉族《やしゃぞく》』だか!! 聞いてあきれる
たかだか北のドいなかでちゃんばらしていたなりあがり一族じゃないか
だったら私が『武神将《ぶしんしょう》』になれないこともないってわけだ
え!? 夜叉王《やしゃおう》!!
今だ
チャーンス!
殺《と》った
水妖剣《すいようけん》——!!

うっきゃーーっ
かっ…かっ
片手で受けた
バカ
なーーっ
はうっ
ぎゃーっ

それでおまえの技《わざ》はしまいか?
我が養《やしな》い児《ご》と 一族への暴言《ぼうげん》
今度こそ その生命《いのち》で あがなってもらおう
私は寛大《かんだい》な 性格《タチ》ではない
ふん
今じゃこの天界の どの部族でも知らぬ者は いないさ
きさまは さいってーな王だ

とうの昔に滅びた阿修羅《あしゅら》のガキを助けるために
だらだら
自分の一族を滅《ほろ》ぼした大たわけめが!
一族を滅ぼしてまでも守ったガキだ仲良く冥府《めいふ》へ送ってやる!!
この水天《すいてん》婆留那《ヴァルナ》がな
阿修羅《あしゅら》……阿修羅《あしゅら》と
とりゃあぁ
貴様《きさま》ごとき汚《けが》らわしい輩《やから》に軽《かる》がるしく呼ばれるいわれはない!

冥王破妖斬《めいおうはようざん》――――!!!
わう!

なんだ
この光はぁっ
■六星群嵐篇I／おわり■

RG
聖
伝
VEDA

◀第一秘書▶
おーっほっほっほっ
社長も部長も
この舎脂《しゃし》の足もとに
ひざまずかせてやるのよ
◀社長▶
ぼーっ
◀第二秘書▶
しゃし…
聖伝の誰かがやらねば
十二神将《かかりちょう》ひかえ室
ドン
なんだ
あの女はよーっ
んだんだ
なーんであんな
高飛車《たかびー》な女と
うちの社長《あしゅらおう》が結婚しなきゃ
いけないんだよ――

この間だって就業時間中にゴルフクラブふり回すし
会社ひけたらゴルフ場に行くのよーっ
ほほほほほ
ほらほっ
どかっ
茶もまんぞくに入れられんし重役出勤はいつものことだし
オレのナックルパンチおみまいするぞっ
社長も社長だっ いくらめんどくさいからといって くじ引きで結婚相手を決めることもないだろう
心はひとつ!
ドンッ
入るぞ!!
ぐいーっ
ごくごくごくごくごくごくごくごくごく
舎脂《しゃし》 一気《イッキ》いきます!
ぷはーーっ
えだまめもってこーい!
どんっ!

ところで
ここにベンツの
カギが
あります
あたし今日は
ベンツのって
帰りたいのよ
だれか足に
なってて！
三ッ矢サイダーのマーク
よく似あってるわよー
ごめんよごめんよっ
ノラシオン
馬の名前
わっ
だはははは
ムッ
ちょっと
何これっ
ベンツ
この前はうちの馬の
鼻先に
フライングレディ
つけられ
ちまっただよ
マリリン
おまえには絶対に
そんなことさせない
からな
うっうっ
聖伝最強人物《うちゆういちのいばりんぼ》・舎脂《しゃし》！
何が何だかわからないが
お笑いなことだけは
よくわかる
本当にこんな女を盗むのか
謀反人・帝釈天《いなかもの》!!
ああ　聖伝がこんな話だったら
おもしろかったのに——!!
最強!!
がははははっ
かきピー
もってこーい
営業部平社員　帝釈天
聖伝の明日はどっちだ!?

聖伝海賊版
です
な〜んで私が孔雀なのよ〜
私は幸せ…
CLAMP新聞
海賊版
聖伝
猫井みっく
……
さて初めてこの漫画を
読んでくださった
皆様方のために
CLAMPについて
ご説明いたしますね
CLAMPとは
大阪・京都・滋賀出身の
四人で構成された
企画・制作集団の名称です
ではその四人のメンバーを
ご紹介させて
いただきましょう
おいおい そこまでミエはっていーのか!?
案内人は
私 髪を切った
きゅーてぃ・猫井(笑)(仮名)
です
だって誰もいってくんないもーん
きゃろ〜ん
原作及《およ》び進行
そして
企画・レイアウト・他を幅広くこなす
CLAMPのリーダー
大川七瀬です
きゃろーん
大川七瀬《おおかわななせ》
よく『大川さんだけどーして
まともな顔で描かれているんですか
大川さんが
そう描かせているんですか』
と聞かれますが
そーいうわけではありません
特長を強調して描いた
だけです
本当はこーいう風な、単純に描いてほしかったんだよ
ふだんはこーいうカッコで仕事をしています

さて次は大川から
原作を受け取って
コンテ・作画に入る
もこなあぱぱです
きゃろーん
もこなあぱぱ
その活躍のほどは
CLAMPのマスコットキャラの
モデルになったりと
非常に有名です
それは
ちょっと
ちがうのではない？
もこなの仕事に一途《いちず》に
取り組む姿勢は
かたづけないで出しっぱなしな
所にもうかがえますね
わーん
ころーすっ!!
ええっそ
もこなちゃん
良い子で
働き者
だよ
きゃーっ
そして原稿を受け取ると
わく線をひき
トーンを貼り込んでいく
五十嵐さつきです
きゃろん
五十嵐《いがらし》さつき
他にもこなしている仕事は
たくさんあります
実に有能なのですが
時々大ぼけをかますのが
玉に疵《きず》です
かに
たべたい…
でも
お料理上手よ
気もきくよ
ごはんも
いっぱい食べるよ
ご飯いっぱい食べるのの
偉いところって？
残りものも
食べてくれるし
でも食べたくない時は
朝から晩まで一口も
食べないよ
ねぇ
本当に
ほめてるの？
キャラが入った原稿に
簡単な背景とトーン・集中線などを
入れてさつきと一緒に原稿を仕上げる
猫井みっくです
きゃろーん
猫井《ねこい》みっく

この漫画《CLAMP新聞》みたいなのも描いてます
猫井もいっぱいごはん食べるよ
猫井は三食きっちり食べるよ
なんでご飯の話してんの……
と このような四人がCLAMPの作品を創作《つく》っています
さてお話が変わりますがCLAMPは先日お引っ越しをいたしました
みんなで東京に出てきてはや三年と七ヵ月くらい引っ越しも五回目ですね
今度のお家《うち》は一階にニワトリがいて午後になるとそれは大きな声で鳴くんです
みんな今回はお部屋のコーディネートに凝《こ》ってみました
私の荷物をどうやってかたづけるか大変なんですよ。
さっきの部屋って何がどこにあるのか。あれだけの荷物がどうして納るのか不思議なんだもん

今までふとんだったのですが
今回はベッドを購入
してみました
お部屋の半分は
ベッドで
うまっているけど……
他の家具類にも
凝りたいんだけど
家具って高いんだよね
私はね　今年は
チェスに凝るから
チェスボード柄《がら》の小さな
テーブルを買ったの
可愛いいよ
あとね近所の
『すかいらーく』の
メニューにも
凝っています
いきなり
何それ？
『すかいらーく』って好きなもの
いっぱいありますけどＣＬＡＭＰの
おすすめ『まぐろたたき御飯』
『かに御飯』も
美味《おい》しいですね
私はね
ロッテリアのアイスティーも
好き　美味しいよ
近所に割烹《かっぽう》料理屋さんが
あるのですが
ここはとても
美味しいんです
でも場所はひみつ
なーんか食べて
ばっかりい
太る——っ
ぽんぽこ
うそうそ
だって一
食べるくらいしか
楽しみないし一
かに…
突然ですが
大切な
お話があります
わっ
ぱかん

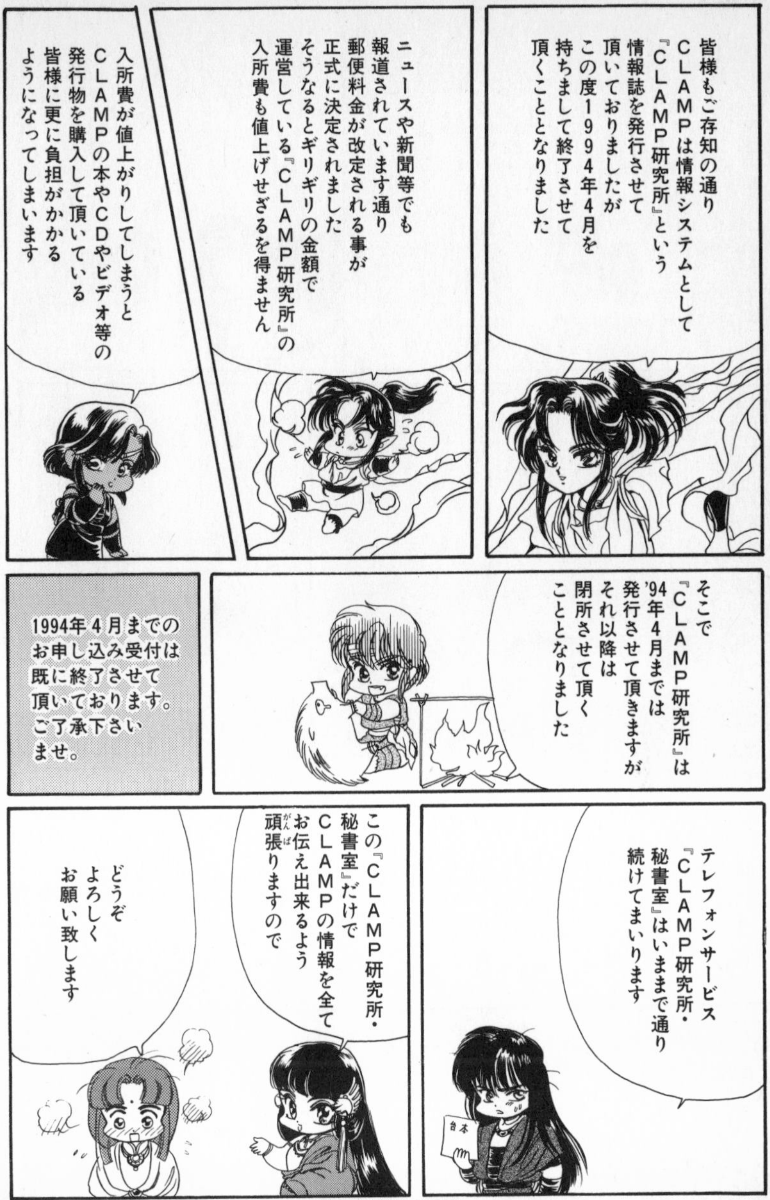
皆様もご存知の通り
CLAMPは情報システムとして『CLAMP研究所』という情報誌を発行させて頂いておりましたがこの度1994年4月を持ちまして終了させて頂くこととなりました
ニュースや新聞等でも報道されています通り郵便料金が改定される事が正式に決定されましたそうなるとギリギリの金額で運営している『CLAMP研究所』の入所費も値上げせざるを得ません
入所費が値上がりしてしまうとCLAMPの本やCDやビデオ等の発行物を購入して頂いている皆様に更に負担がかかるようになってしまいます
そこで『CLAMP研究所』は'94年4月までは発行させて頂きますがそれ以降は閉所させて頂くこととなりました
1994年 4月までのお申し込み受付は既に終了させて頂いております。ご了承下さいませ。
テレフォンサービス『CLAMP研究所・秘書室』はいままで通り続けてまいります
台本
この『CLAMP研究所・秘書室』だけでCLAMPの情報を全てお伝え出来るよう頑張《がんば》りますので
どうぞよろしくお願い致します

●「六星群嵐篇Ⅰ」はウィングス'90年1～6月号に掲載の作品に加筆したものです。

『CLAMP研究所・秘書室』は普通回線を使用しておりますので日本全国どこからでもお聞き頂けます
電話という事でどこよりも早くCLAMPの情報がお聞きになれます
情報は毎月1日と15日の月2回新しいものに変わります
CLAMP研究所・秘書室
03(3496)8311
※電話番号はお間違えのないようお願い致します。
『CLAMP研究所・秘書室』をお聞き頂いた方のみのプレゼント等も実施中《じっしちゅう》ですお楽しみに
この情報システムはCLAMP独自のものです新書館さんにご迷惑が掛かりますのでお問い合せの電話などなさらないでくださいませ
出番が少ない…
聖伝はまだまだ続きます皆様に応援していただけましたらCLAMP一同幸せです
おめかし
おーほほほほ
HAVE A NICE DAY

東京BABYLON 全7巻

日本を霊的に守ってきた陰陽師《おんみょうじ》の頂点に立つ皇《すめらぎ》一族。その十三代目当主である皇昴流《すめらぎすばる》は、その双子の姉の北都《ほくと》、そして謎の多い暗殺集団桜塚護《さくらづかもり》と関わりを持つ桜塚星史郎《さくらづかせいしろう》の二人に助けられながら、魔都・東京の闇に捕われた人々を救おうと戦いつづける——！

A５判　定価各580円(税込)

CLAMPの大好評コミックス————新書館

聖伝 ①～⑧
RG　VEDA

天界が謀反人、帝釈天の手におちて三百年。幻力《マーヤー》の森で眠りつづけた阿修羅の御子を夜叉王は目覚めさせる。自分をいつか殺すはずの予言の子供を——。その時から天界の運命の輪は回り、夜叉王と阿修羅の六星探索の旅が始まった！　壮大なスケールでおくるＣＬＡＭＰの新しい〈ヴェーダ〉!!

B６判　定価各490円(税込)